Dados Internacionais de Catalogação na Publicação (CIP)
(Câmara Brasileira do Livro, SP, Brasil)

Aurélio, Beatriz de Oliveira
    Mila : seja forte / Beatriz de Oliveira Aurélio.
-- 1. ed. -- Cariacica, ES : Ed. da Autora, 2020.

    ISBN 978-65-00-09942-3

    1. Bullying - Literatura infantojuvenil 2.
Literatura infantil I. Título.

20-45648   CDD-028.5

Índices para catálogo sistemático:

    1. Literatura infantil 028.5
    2. Literatura infantojuvenil 028.5

Aline Graziele Benitez - Bibliotecária - CRB-1/3129

Introdução

Primeiro dia de aula: novos amigos, novos professores... e às vezes até nova escola. É isso que a maioria das pessoas pensam. Mas agora você vai conhecer a história de Mila. Vou contar desde o começo:

Mila era uma menina simples, de pele escura e cabelos cacheados. Seus pais eram pobres, mas sempre diziam para a filha: "Estudando você pode mudar o mundo", e Mila sempre concordava. Todo dia, ela passava horas e horas no quarto estudando e estudando, até que, um dia, no 5º ano do Ensino Fundamental, ela conseguiu uma bolsa de estudos na melhor escola da cidade. A escola destinava 1% das vagas para alunos de baixa renda. Ela se esforçava muito, mas nem ela sabia que ganharia uma vaga naquela escola.

Agora sim, vou falar sobre o primeiro dia de aula naquela escola tão diferente.

Janeiro - Março

Quando Mila chegou, viu os alunos tão parecidos: brancos, loiros, de olhos azuis e olhando para ela. Até aí tudo bem, ela era nova naquela escola, mesmo. A professora era alta, ruiva e de olhos verdes. Ela amava todos os alunos, e tinha um coração muito doce.

A professora deu um abraço em Mila, e Mila foi para a única mesa que sobrou, a de trás.

Uma menina, à direita dela, perguntou:

- Oi, qual o seu nome?

E Mila respondeu:

- Meu nome é Mila. E o seu?

- Zoe. Quer ser minha amiga? - Disse a menina.

- Sim!!! - Gritou Mila, animada com a primeira amiga.

- Alunos - disse a professora -, temos uma nova aluna! O nome dela é Mila. Seja bem-vinda, Mila! Meu nome é Ingrid. Alunos, deem as boas-vindas à Mila. Com certeza, ela será a melhor amiga de vocês!

- Seja bem-vinda, Mila! - Disseram os alunos em uníssono.

- Vou colocar o nome da Mila na chamada... - disse a professora - Pronto! Vou começar.

E a professora disse o nome de todos os alunos da classe. Depois, uma menina, à esquerda de Mila, perguntou para ela, com uma cara estranha:

- Seu nome é Mila, não é?

- Sou... E quem é você? - Disse Mila.

- Chloe. Bom, preciso falar com você.

- O que foi?

- Você não acha seu cabelo de parafuso nem um pouquinho feio? Há, há, há, há, há...

- Não teve graça... - disse Mila, envergonhada.

- Mas para todos os meus milhões de seguidores teve! - E foi aí que Mila percebeu que estava gravando.

- Como assim?! Você não pode fazer isso!!! Apague este vídeo, por favor!!!

- Ok, desculpa. Já estou apagando... - Disfarçou Chloe.

- Ufa...

- Mentira! Nunca vou apagar isso!

- O quê?! Não!

Uma semana depois, na hora do lanche, Chloe disse:

- Preta horrorosa, vem cá!

- Que foi? - Falou Mila, um pouco desconfiada.

- Qual você prefere: te chamar de chocolate podre ou de barata?

- Nenhum. Me chama de Mila.

- Vou escolher: barata de chocolate podre! Há, há, há, há, há...

- Por favor, para de fazer isso comigo! Faz só uma semana que eu estou nessa escola e eu já não aguento mais!

- Querida, eu paro quando eu quiser!

E Mila voltou para a sala, triste.

Alguns dias depois, Mila viu Chloe conversando com outras duas meninas, que se chamavam Karen e Karina, gêmeas que sonhavam em ser amiga da Chloe, mas ela nunca deixava. Chloe quer ser a única. A mais rica, a mais bela, a mais popular... E não dividir nada com ninguém. E é assim que toda a sua beleza acaba. Karen e Karina eram duas meninas de onze anos (todos os alunos da classe tinham onze anos), que adoravam as aulas de artes. Karen e Karina sempre queriam estar com Chloe, já que era a única popular da classe. Mas nem elas gostavam do que Chloe fazia. Achavam muito feio. Na verdade, todos da classe achavam horrível o que Chloe fazia, mas tinham medo de falar isso para ela (e muito menos para a professora).

Abril - Setembro

No início de abril, a professora chegou muito animada, cheia de doces, brinquedos, balões... E ninguém sabia o porquê. O aniversário de Mila era naquele dia, 2 de abril, mas seus pais não tinham dinheiro para fazer uma festa. Então, já que a professora sabia disso, fez uma festa para ela. 30 minutos depois, quando a professora já havia arrumado tudo, Mila percebeu que era sua festa de aniversário. Como? Na hora do "viva, Mila! ". Mila ficou muito feliz, até chorou. Essa foi a melhor festa de aniversário que ela já teve! Todos adoraram a festa, menos Chloe.

Na hora do lanche, Chloe pegou um pedaço do bolo de morango da festa e perguntou para Mila:

- Ei, Milinha, eu quero me desculpar, você quer um bolo?

- Quero, por favor! - Disse Mila.

- Então, toma!!! - E Chloe jogou o bolo no rosto de Mila - Deve estar tão gostoso...

E Mila começou a chorar.

Em junho, Mila foi para escola, toda animada, com uma maçã que entregaria à professora. Quando ela chegou na escola, disse à professora:

- Professora Ingrid, essa maçã é para você!

- Ah, obrigada! Que fofa! - Disse a professora.

- De nada! E você está muito linda!

- Professora, você já nasceu linda! - Disse Chloe.

- Obrigada, Mila e Chloe! Vocês são lindas! - A professora respondeu - Hoje, vou ensinar matemática! Alunos, quanto é 486x826?

- 401.436, professora! - Disseram Karen e Karina, juntas.

- Isso mesmo!

Em julho, as provas aumentaram. Todos estavam se esforçando para ficar de férias até o fim do mês. Chloe não estudava nada, e a professora estava preocupada com ela.

- Chloe, se você não estudar, vai ficar de recuperação e sem as férias de julho! - Dizia a professora.

- Não estou nem aí! - Respondia Chloe.

Todos os alunos da classe estavam estudando, mas a professora perdia metade da aula dizendo para Chloe estudar. A professora já estava cansada! E só faltava um dia para as férias começarem. No último dia de aula, a professora avisou:

- Alunos, hoje é o último dia de aula! Vou entregar as provas.

"Yes! Adoro provas. " Pensou Mila.

E a professora começou a entregar as provas. Quando ela chegou na mesa de Chloe, viu ela tirando fotos no celular. Então, a professora disse:

- Chloe, aqui está a sua prova.

- Ok... - disse Chloe.

- Não mexa no celular durante a prova.

- Está bem, estou desligando.

Depois que o tempo acabou, a professora corrigiu todas as provas, e todos ficaram de férias, menos Chloe. Ela ficou na escola com a professora.

Em agosto, todos os alunos voltaram a estudar. As aulas já estavam acabando, então todos estavam animados. Chloe só entrava na sala de aula para mexer no celular, não prestava atenção na professora e vivia fazendo bullying com Mila. Mila tentava não ligar para as coisas que Chloe dizia, mas ligava.

Um dia, na segunda-feira, Chloe chegou na escola, muito animada. Quando ela entrou na sala, disse à Mila:

- Mila! Olhe para mim! Como eu sou linda!

- Sim, você é muito linda. - Concordou Mila.

- E você? - E Chloe começou a rir.

- Eu também me acho linda!

- Até parece... olha para o seu cabelo! Horroroso...

- Eu não acho - disse Mila.

- Ainda mais que ele é cacheado!

- Qual o problema?

- O problema é que cabelos cacheados são simplesmente feios.

E Mila começou a pensar...

- Garota, fala sério! O seu cabelo é horroroso! - Continuou Chloe.

Então, Mila pegou um espelho pequeno na sua mochila, e começou a olhar o seu cabelo...

- Ele é muito feio... - Disse Mila, triste.

- Isso mesmo! - Concordou Chloe - Ele é horrível.

Quando Mila chegou em casa, começou a pensar. Algum tempo depois, comprou alguns produtos e começou a alisar o seu cabelo. Quando a mãe de Mila entrou no banheiro, não acreditou no que viu. O cabelo de Mila estava liso!

- Filha, o que é isso?! - Perguntou a mãe, assustada.

- Mãe?! - Gritou Mila - Não é nada...

- O seu cabelo! Está liso!

- Me desculpe...

- Filha, você não deveria ter feito isso...

- Ah, mamãe, é que a Chloe disse que meu cabelo é feio! Então, achei que deveria alisá-lo, para ficar mais bonito...

- Mas você nem falou com a mamãe! E o mais importante: o seu cabelo é lindo, do jeito que é! Não liga para ela!

- Você tem razão, mamãe! Prometo que nunca mais vou alisar o meu cabelo.

- Então está combinado! Me dá um abraço... - disse a mãe de Mila.

E elas se abraçaram.

No dia 6 de agosto, a professora Ingrid passou um dever muito chato: atividade em dupla. Chloe, então... odiava. Mila, obviamente, estava muito animada. Então, a professora disse:

- Alunos e alunas, começarei a falar os nomes: Karen e James, Benjamin e Karina, Zoe com Sophie e Chloe vai com Mila.

E Chloe gritou:

- O quê?! Eu não posso estudar com a Mila! De jeito nenhum!

- Chloe - disse a professora, um pouco irritada -, sou eu que escolho as duplas. E eu escolhi vocês duas. Não adianta trocar. Se você continuar com isso, irá para a diretoria.

E Chloe disse, chateada:

- Ok, professora Ingrid...

E a professora respondeu:

- Muito bem, Chloe. Agora pode juntar a sua mesa com a da Mila para nós começarmos a aula.

"Ah, eu não aguento mais essa menina! Ela mal chegou aqui e já roubou o meu lugar na escola! " Pensou Chloe, irritada.

Depois que todos terminaram de fazer as atividades (menos Chloe, Mila fez todo o dever sozinha), a professora liberou as crianças para o intervalo.

Já que a escola era bem grande, no dia 17 de agosto a escola já estava se preparando para o Dia das Crianças. Já encomendaram cinco brinquedos, até uma piscina. Chloe, como sempre, zoando de Mila, que "a escola não deixaria ela entrar porque ela era negra", etc., mas, com o tempo, Mila estava aprendendo a não ligar para as bobeiras que Chloe dizia.

Em setembro, já estava tudo pronto. Mas a diretora não deixou as crianças brincarem nos brinquedos que ela encomendou antes do Dia das Crianças. Todos estavam muito ansiosos, e viviam perguntando para ela se estava perto ou não. Alguns alunos já contavam os minutos, outros preparavam fantasias, mas Mila estava preocupada mesmo era com Chloe. Mila sabia que ela poderia até ser expulsa da escola. Mas... não era para Mila estar feliz com isso? Nunca mais ia sofrer bullying? Parece que não. Mila não queria que Chloe acabasse se dando mal no final. Ela queria que Chloe mudasse. Virasse uma menina boa. Ajudasse os outros. Será que algum dia ela mudaria? Nunca se sabe. Mas aí Mila teve uma ideia: ela ia fazer bullying com Chloe. Será que essa é uma boa ideia? Vamos ver. Na hora do intervalo, Chloe chegou perto de Mila e começou a zombar dela. Aí Mila colocou o plano em ação: começou a zombar dela também.

- Oi, cabelo de parafuso! - Riu Chloe.

- Olá, cabelo de palha! - Disse Mila, rindo mais ainda.

Chloe ficou brava e começou a gritar:

- Macaca!

- Desbotada! - Gritou Mila mais ainda.

E então, começou a briga. Elas não pararam mais, até que a diretora chegou. Ela deixou as duas de castigo. Chloe já estava acostumada, mas Mila se sentiu um pouco triste. Mas ela não quis parar. Os professores de Mila, que a elogiavam tanto, agora estavam tristes de como ela estava indo tão mal nas provas. A partir daí, Mila, que queria tanto que Chloe fosse boa, começou a ficar igual a ela também. E, às vezes, até pior...

Outubro - Dezembro

O ano estava acabando, mas a briga entre Chloe e Mila ainda não. Mila ficava tanto tempo brigando com Chloe que sequer prestava atenção na professora. A situação estava ficando grave, e os pais de Mila estavam preocupados. Mila, que tinha aquele coração tão puro, agora estava igual pedra. Ela não conversava com mais ninguém, nem com Zoe, sua melhor amiga. Quando Mila voltou para casa, seus pais disseram:

- Mila, estamos assustados. Você não era assim!

Mas Mila sequer olhou para eles. Ela foi para o quarto, e ficou trancada lá. Ela estava crescendo, e, a cada dia, ela ficava mais triste.

- Precisamos fazer alguma coisa - disse o pai de Mila -, nossa filha não é assim.

- Sim, precisamos descobrir o que está acontecendo com ela. - Concordou a mãe.

Na casa de Chloe, ou melhor, na mansão de Chloe, seus pais não ligavam muito para ela. Iam viajar, trabalhar, e deixavam ela lá, com alguma babá. Parece esse o motivo de sua tristeza. Ela quase nunca via seus pais, e, quando via, eles já estavam saindo, para outra viagem. Quando eles chagavam em casa, nem olhavam para ela. Eles simplesmente a ignoravam. Ela se sentia tão sozinha, que começou a guardar rancor, e foi aí que começou toda aquela história.

Os pais de Mila, preocupados, foram ao quarto, perguntar o que estava acontecendo.

- Não é nada, saiam daqui! - Gritou Mila.

- Mila! Você precisa nos responder - disse a mãe de Mila, assustada -, faz tempo que você está assim!

- Eu já disse que não quero!

- Mila! - Gritou o pai.

- Deixa, amor, depois tentamos de novo. - Disse a mãe - Não vamos irritá-la...

- Eu já estou irritada! - Gritou Mila.

Logo após os pais de Mila saírem do quarto, ela começou a chorar. Mila se arrependeu? É isso o que vamos ver.

No dia seguinte, Mila acordou e disse aos seu pais:

- Mãe, pai... me desculpem.

Os pais de Mila ficaram impressionados.

- Nós também! - Disseram os pais dela.

- Acho que devo desculpar a Chloe também.

- Com certeza, filha! - Disse a mãe.

Na escola, Mila disse à professora:

- Professora Ingrid, preciso falar com você e também com toda a sala.

- Ok, Mila. - Disse a professora, um pouco pensativa.

Então, Mila começou:

- Olá a todos. Estou aqui para dar um aviso importante a vocês. Vim me desculpar. Me desculpar de tudo o que eu fiz. Inclusive você, Chloe. Me desculpe. Você também, Zoe. Me desculpem por tudo o que eu fiz esses últimos dias. Não estava pensando antes de agir.

- Mila... - Disse Chloe, com um pouco de vergonha - Me desculpe também por tudo o que eu fiz. Devo pedir desculpas a todos os alunos da classe. Eu errei por todos esses anos, e não devo continuar assim. Me desculpem...

Depois de um breve silêncio, Zoe disse:

- Eu desculpo vocês, Chloe e Mila.

- Eu também - disse um aluno da classe.

- Também desculpo - Disse outro aluno.

Até que todos os alunos se desculparam.

Então, os alunos se abraçaram. Chloe e Mila prometeram nunca mais fazer aquilo, e viraram grandes amigas.

No Dia das Crianças, foi muito divertido. Todas as crianças adoraram. E no último dia de aula, Mila deu um belo persente para Chloe, e Chloe deu um para Mila. Elas viraram amigas para sempre!

www.ingramcontent.com/pod-product-compliance
Lightning Source LLC
LaVergne TN
LVHW051517170726
843492LV00002B/969